Tutto là, in quell'attimo stupendo

TANIA DELMONTE

Questo libro è dedicato a tutte le persone che amano la natura e fanno del loro meglio per diffondere gioia e comprensione, stimolando l'altrui visione in un percorso di crescita interiore

manoscrittiebook@libero.it

ARANCIONE, CREATIVITÀ, TRASFORMAZIONE

Dedico questa raccolta poetica alla mia mamma che mi aiuta da sempre. Ringrazio tutte le persone che mi hanno sostenuta facendomi capire molte cose che non vedevo.

E tutti gli amici e amiche che mi aiutano sempre nelle mie presentazioni.

Tutte le poesie sono creazioni della sensibilità di Tania Delmonte nell'accostarsi alla natura e nell'ascolto dell'altrui persona

Presentazione

Queste poesie sono scintille sulla natura del cuore, come fossero tralicci di vite, di puro amore. Dopo una separazione ti accorgi di quanto hai dentro da donare al mondo. Tu sei viva e tale vitalità, nascente e creativa, ti fa accedere a spazi fino ad ora incompresi. Queste dimensioni la scrittrice le trasforma in sonetti, versi, realtà in cui ognuno di noi si può tuffare; per coltivare nell'animo la propria dimensione di crescita e la fantasia innata che è presente in ogni persona, troppo spesso dimenticata. C'è chi la usa in giardino, chi nell'abbigliamento, chi truccandosi o trovando un diverso accostamento nell'arredamento, c'è chi sogna leggendo le avventure che altri scrivono. Ogni goccia di creatività è racchiusa nell'animo umano, basta riscoprirla e coglierne appieno l'essenza. Ogni essere è in sé un puntino di luce nell'universo.

Spiaggia

Spiaggia nudisti, cielo stellato e un tramonto

Incantato.

Poi arrivano le energie dei Tritoni e delle

Sirene.

La calura non manca e si accendono le

Candele.

E al dolce risveglio della brezza marina,

arriva a sfiorarti la pelle,

una dolce Ondina.

Fiori

Eggregore nascenti

che Risplendono D'Amore.

Come Stelle Splendenti

che stanno in riva al Cuore.

Oltre l'Infinito

Un'Armonia Ancestrale

un Sogno Infinito

ti sembra di Vederlo

lo scorgi con un Dito.

Sintonia nell'Anima

La Sintonia del Cuore

la Sintonia d'Amore

Mille Gocce di Luce

di Puro Splendore.

Frammenti di Tempo

Tantissime Gocciole

di Frammenti di Tempo.

Si Spargono nelle onde

si Spargono nell'Universo.

Ricordi di Bambina

Le Nuvole del Cielo

si fanno Ammirare,

per Regalarci il Buon Umore

e farci Riecheggiare.

Ricordi di Bambini

di estati infinite,

quando Correvamo

tra i prati, e annusavamo

le Margherite.

Trabocca

Guardo la Luna

Guardo il Mare

Guardo l'estate

Traboccare.

In un Enorme dipinto

di Varie Sfumature

dove i Tuoi Riflessi

Mi riempiono di Mille Avventure.

Dove la Tua Bocca

Tremante da Baciare

Mi Avvolge di Mille Sfumature

Com'è Grande e Impetuoso

il Mare.

Bolle

Bolle e Scintille

di Pura Energia,

Trasformano il Mondo

In Fantasia.

Rima baciata

In rima baciata

e non complicata

la Vita scivola Via

in un'Immensa Follia.

Acqua

Il Mare, l'Oceano

lo scrosciare che assorda

da una cascata che inonda

la Valle Incantata di preziosi Ricordi.

Come fossero scintille di un battito d'ali,

come fossero meteore tra i Tulipani.

Prima di Dormire

Brioches e Cappuccino

il Sorriso di un Bambino

la Carezza della Mamma

e Ti canto una Dolce

Ninna Nanna.

Giro Tondo

Nei monti, nei laghi, nelle sensazioni delle

Maree,

in un Mondo frastagliato

Senza più idee.

Un frammento di luce

si esprime ogni giorno.

Per rendere il Mondo

un fantastico giro tondo.

Inebria

Dentro la stanza,

la Luce fioca,

ma basta guardarla intensamente,

Lei dal Bagliore s'inebria.

La luce splendente dei suoi occhi tutto rallegra.

Nei Meandri di un Lago

Nei Meandri di un Lago
nei Meandri di un Fiore
Sboccia e Fiorisce
il Primo Amore.
Dalle Fronde Sporgenti
degli Alberi a Perdifiato
si gioca e ci si rincorre
come un Musico Incantato
L' Animo Cresce
e noi ci Accordiamo a Lui.
Come le Mani sull' Arpa
accostano Melodie
di Suoni e Percezioni Ancestrali
che infondono Magie.

Cavaliere

Come uno Gnomo

come un Grifone

come un Tridente

Fuori dal Portone.

Che scaglia una freccia

che non si fa scalfire

come un Prode Cavaliere

che non si lascia Morire.

Un Cavaliere dalla Lucente Armatura

la gente lo accoglie dopo ogni sua avventura.

Perché' Lui scherza e Ride

è impavido, è senza paura.

Lui è l'Eccelso Eroe Oltre Ogni Misura.

Pizzico di Essenza

Un pizzico di Follia

la Vita è Tutta Mia

non la voglio,

ma la vorrei trasmutare

come le Onde in Riva Al Mare,

come i Monti con le Foreste,

come queste Curve e

Vette Increspe.

Con la Voce Roca e Grossa

che Interviene nella Mischia

che si fa udire a Perdifiato,

come fossi un Musico Incantato,

come Fossi Un Centauro

che si appresta a scoccare

la Sua Grande Freccia

Davanti a Questo Mare.

Edera

Edera di Giorno

Edera in Primavera.

Ogni Giorno Sboccia

una Splendida Atmosfera.

Edera e Scintille

Colorate all'imbrunire

tutto è una Festa

nel Dolce Apparire.

E nell'immenso che ci Guarda da Lassù

Percepiamo Nuove Gemme di Gioventù.

Le Ande

Le Montagne si accostano

e l'imbrunire se ne va.

Parlano del loro Mondo

oltre la vastità.

La Vastità del Cielo

il Bianco Arcobaleno.

Mentre scrutiamo i cieli

in cerca di un Segno,

le Stelle ci Acclamano nel loro

Gran Disegno.

E oltre ogni

Limite del Nostro Pensiero

l'immenso ci Illumina e

rende il Cammino più Leggero.

Le Ombre se ne vanno,

là con Noi c'è

la Grande Immensità

che ci toglie ogni perché'.

Stile e distinzione

Allerta, Allerta,

è l'exploit creativo,

s'intravede l'oratore,

s'intravede nel suo Sorriso.

È abile coi numeri

ma non fa il prestigiatore.

È un'arma a doppio taglio

è anche lui un venditore.

Della Sua presenza,

della sua gentilezza che riserva ai clienti

con estrema leggerezza.

Non si lascia calpestare,

sa bene dove portare il potenziale acquirente,

nella botte sempre piena.

Ricolma di essenze per curare la sua cena.

La cena dei commensali,

a lui sempre presenti, quelli di cui si circonda

nei Mondi apparenti.

Quelli che gli fan tregua mentre guarda le

partite, ma che non sanno affatto

con chi hanno a che fare.

Perché' Lui la sua Vera Essenza, la tiene

celata dentro il suo Mare.

Un Mare interno, di intense emozioni,

a volte timide, a volte sono apparizioni.

Come quelle che gli appaiono

nei sogni di notte,

dove la sua Anima si Risveglia

e sa scivolare nelle grotte,

dove a volte scorge un Drago

a volte una Cometa,

ma sempre mille sfumature gli fanno da

Meta.

Mistero della Magia

La notte diventa giorno,

il giorno diventa notte,

Folletti, bacchette e streghe

se ne vanno in giro a frotte.

È questo il momento

è la notte più magica che ci sia, per

trasformare tutto in un sogno,

in Eterna e pura Magia.

E nel bosco incantato,

intorno alle rovine,

queste magiche creature,

si recan nelle loro casine.

Fan concerti e suonano in coro, fan

esperimenti e pozioni, per rendere tutti i maghi

dei servi e non dei magoni.

Si divertono a far dispetti,

si divertono un sacco,

s'immedesimano in un Mondo

che non è artefatto.

È la loro gioia di vivere

che li distingue dalla massa,

per far riecheggiar nel tempo

un abbraccio a mille braccia.

E nella loro fusione nella loro unità,

tutto si fa vero e colmo di Unicità.

Ritratto

Nel camminare

sulla collina, si ode una brezza,

di energia mattutina.

Si piegan le ginestre

si accostan le giunchiglie

si sprigionano sogni

a Mille Meraviglie.

I Mondi incantati,

che son sopra di noi

ci fanno percepire,

come parte dei loro Eroi.

E mentre ci apprestiamo

a scorgere oltre l'infinito,

la Dolcezza ci appare e

la assaporiamo a perdifiato.

Vorremmo che restasse sempre

nel nostro cuore,

ma a volte è un momento

a volte è un grosso dolore.

La ricerca è latente,

ma non si perde la speranza.

Perché' tutta la vita è una dolce Danza.

Bambini Arcobaleno

L'Arpa che suona

Colori Arcobaleno,

e ci primeggia l'estensione

di un sogno Altrui Sereno.

Dei suoni Soavi

da Sé Scanditi,

dai passi leggeri

nella Mente Concepiti.

Da quegli Attimi Rubati

di Eterno Candore,

Tenerezza e Stupore.

Quando i bambini

balzano sul letto,

come fossero un

Pettirosso col suo Berretto.

Come se si accordassero

ad Una Danza,

a un leggero movimento

che Compiuto con Costanza

porta a un Loro Mutamento.

Quello che si accosta meglio

alla musica che voglion Danzare,

come se fosse il Loro Mantra

il loro Stimolo Principale.

Questo loro Infinito Mondo

è giunto in quintessenza a Noi,

perché' possa trasmetterci

il Punto di Vista

di questi Timidi Eroi.

Che nell'accostarsi alla Dolce Danza,

la Danza dei Loro Cuori,

ci riecheggia Dentro e ci fa percepire

i Loro Colori.

Il mio Gatto

Il mio Gatto

è sornione

lo avvolgerei a me

come un Maglione.

Lo terrei sempre al caldo

lo farei arrampicare

il mio Gatto mi Stimola

ad andare oltre il mare.

Oltre la percezione della mente umana,

loro hanno la sesta essenza,

accarezzandone il manto,

percepisci la presenza.

Di questa loro struttura che non ti fa paura.

Che si accomoda in grembo a te.

Per farti sentire che Calore c'è

dentro ai loro Cuori,

sensibili, come un soffio di vita.

Un Pulsare incessante, per dar prova in ogni

istante, del loro Buon Cuore.

Delle loro Estensioni d'Amore.

Come fossero piccole Anime

in questo Universo di Splendore.

Dimensioni d'Amore

Nella Danza

Nella Pittura

Nella Stesura di un testo.

In ogni tuo Gesto

Aspetto l'Amore

che non mi sai Dare.

Aspetto che arrivi

come le onde del Mare.

Non ti apri a me,

sei rinchiuso dentro di te.

Non ti esprimi nella tua Danza,

non parli e non percepisco

l'Armonia nella tua stanza.

La Stanza del Cuore

Ancora non dischiuso

la Danza dell'Amore a lui Sconosciuto.

È come se tu fossi

un mistico danzatore

che gira il suo Film

senza Interpellare

gli attori del suo dramma

e delle sue Paure.

Quelle che non si accinge ad affrontare,

come fossero Nuove Stesure.
Le Stesure nella Nuova Concezione
per far Esprimere a Lui,
la sua Nuova Creazione.

Euforie

Gocce di Colori
illuminano gli occhi.
Son Ebrezze, Euforie
nel Dolce Mondo
dei Balocchi.
Son Canzoni e Musiche Nascenti
che Avvolgono l'Atmosfera
come se nel tuo Cuore
fosse Impressa la Primavera.

All'improvviso un'uscita

Il parrucchiere, un salto in Profumeria

e il tempo scorre via.

Un battito d'ali

Un po' di poesia

e in un attimo

Arriverò come in

una Magia.

Emozione Stellare

Le stelle del cielo

ti stanno a guardare

come un Puntino di Luce

ti fan Splendere

ti fan Emozionare.

La Danza delle Fate

Fata Morgana ali Bluette

Tutte d'effetto Brillantinose

le fan percepire cose a distanza

mentre si apprestano

a una inebriante Danza.

La Danza della Magia

a volte Turchese

a volte pura Follia.

La fan moltiplicare

in innumerevoli fatine

che le adornano il capo

e sono come eterne bambine.

All'Alba si risveglia

e percepisce i Colori,

dal Giallo tenue ai Rossi

più intensi e buoni.

E lì si crea la Ninfa del Nirvana,

il fior di loto scompare e arriva la

Tramontana.

E tutto questo è Amore

tutta questa è Magia

come la Nuvola

che si Distingue

Ti prende e Ti porta Via.

Luci dalle Stelle

Luci dalle Stelle

o da Altre Dimensioni

tutte Foriere di Nuove Emozioni

Sentite

Cantate

in Mille Risate.

Ballando tutti attorno

a un Grande Falò

gli Gnomi del Sottobosco

ridono e scherzano un po',

e mentre la notte si intravede da lontano

le Libellule in Volo

ci fan da Deltaplano.

E così rimiriamo i cieli

Incandescenti di queste Luci

a pioggia sempre più Ardenti.

Sirmione

Acqua di Sirmione

è tutto Sapone

si Alzan le teste

quando la tempesta ci investe.

Si prendon gli accappatoi

per non rimanere senza,

se si fa un giro in vasca

e si rimane nella distesa aperta.

È un'acqua dalle molteplici e più proprietà,

non ne consumare a dismisura

o la tua Salute ne soffrirà.

È un'acqua dalle Molteplici e più proprietà,

ogni Volta che ci si immerge,

si assorbono le sue Velleità.

Mondo Fantastico

Il Mondo della Fantasia

si approccia a noi

con incredibile Magia.

A volte è uno Gnometto

un Magico Folletto,

un Elfo della Natura,

una magica avventura.

A volte sono topini,

o Bellissimi Bambini.

A volte animali che si trovano per un tè,

altre volte, altre creature

che non sai nemmeno te.

Monet

Non so dove sono

Non so tu chi Sei

un attimo in Volo

e poi ti Vorrei.

Sono al Centro di Una Stanza

è una Biblioteca Immensa

e mentre la Osservo

percepisco l'aria fresca.

Fuori son Giardini

son Glicini in Festa.

È tutto un Giardino Immenso,

di Mille e più Colori

che ci attende e si appresta.

A far Crescere i Nostri Cuori

quelli dei Pittori

che *Immacolano* le Ninfee,

le Rose, le Sempreverdi,

i Rododendri e le Camee.

Son Macchie di Colore

che Sfiorano lo Stagno

emettono Profumo

sono intense come un Melograno.

Monet Le ha Viste,

ha percepito il Loro Richiamo,

un Dono Splendente

sceso dal Cielo, piano, piano.

L'Amore per la Bellezza

della Natura in Fiore

un'Eterna Promessa

d'Infinito Amore.

Già Emozione

Alberi e Radici

colmi di Germogli

Rigeneran la Vita

oltre Mille Mondi.

Mille Comprensioni

d'infinite sfumature

come la Vita che cresce

in tutte le sue insenature.

A volte immature, A volte piene di

Comprensione

Ogni nuovo Bocciolo

crea già Emozione.

Emozione in Comprensione

Emozioni mai nate

lasciate da pianto e sgomento,

Emozioni imperturbabili

in ogni momento,

Emozioni senza misura

contro ogni paura.

Un cuore che ti fa palpitare

per un incontro in riva al mare,

il Mare della coscienza mai trasmutata

una coscienza infinita

a volte Liberata.

Come libera è la dimensione

della altrui Natura,

percepisci la Persona

in ogni sua Sfumatura.

La Rosa

La Rosa

È Splendente

È una Luce Luminescente

E candida

È Corposa

la Sogni di notte

lei si cela dietro ad ogni Cosa.

La Rosa è un Mondo a sé

Eterno divenire, nei suoi meandri.

Più la osservi più ti ci immedesimi.

Perché' la Rosa non è Solo un Fiore,

la Rosa è Eterno Amore.

Parola che si fa Strada

Nei sogni di oggi

negli occhi aperti dal chiarore

ogni cellula vivente è un intenso fiore.

È una Camelia

È una Giunchiglia

È una sensazione che emana meraviglia.

È un battito d'ali

senza cui si può stare,

È una gioia immensa.

È la parola che si fa strada

attraverso il tuo Cuore.

Intemperie

Gocce cadono dai tralicci dei ponti

e per lui sono un Idilio,

un modo a cui pensare

nuove creazioni che non temono intemperie.

Intemperie, che imprigionano la mente,

non ci si accontenta delle nuove scoperte, su

strumenti, materiali

ormai sembran tutti uguali.

E dalle fronde, degli alberi scoscesi,

s'intravedon le prime gocce di Rugiada

i momenti eterei dell'estate,

sono ormai ricordi,

impressi nella mente come timidi Germogli.

Immense Sfumature

Immensi i Colori

son come una danza

un movimento leggero

una brezza in una stanza.

La stanza dei sogni

delle memorie perdute,

appena osservo i colori

vengon da me riconosciute.

È tutt'armonia

d'infinitesime creature

I colori dell'anima

nelle sue innumerevoli strutture.

È Gioia, è Colore, è stupenda Allegria

ogni goccia d'immenso è

una sfumatura di Poesia.

Le sfumature del sogno e

dell'immenso dentro te,

che ancora non percepisci appieno,

ma sai che c'è.

Auguri

Tutta Verità

Tutta una Bontà

di Gelato al Cioccolato

e altre Golosità.

Non te le puoi far Mancare

son come gocce in Riva al Mare.

Son tenere

Son Carezze

Son le gesta

di Mille Brezze.

Son le Vesti

di un Nuovo Anno,

di una nuova percezione

che ci da una Gioia Immensa

che ci Accoglie con Calore.

Fiore d'Inverno

Il timido Fiore, non si ammansisce mai,

perdura il suo colore

fino alla morte degli Dei.

Puoi trovarlo, sul ghiaccio

e in mille altre spoglie.

Il Fiore ti darà sempre

Amore a Latifoglie.

Arteide

E se tu nella Notte

ti addormenti nel Mare

Arteide ti da'

un Nuovo Modo di Sognare.

Equiseto

Equiseto, Alchimia

tutto il Mondo è magia,

non la trovi sopra il mare
è sempre celata nel tuo Cuore.
A volte la scorgi
a volte ti ci imbatti
è Energia D'Amore
è essenza che sta tra i piatti
tra le faccende quotidiane.
Una Brezza ti sfiora
e tu capisci, che l'essenza
sta oltre ogni Cosa.

Rinascita

Eri modesto, accogliente
una spugna limacciosa
e incandescente.
Ti riscopristi in un'istante,
il Tuo Cuore si sciolse
come etereo Bambino.

Tu rinascesti dalle Acque

e proseguisti retto il tuo

Cammino.

Manto Blu'

Manto Blu' della Sera

Manto Blu' della Notte

Riecheggiano le Stelle

e ti regalano

la Buona Notte.

Soddisfazione

Comunque fa lo stesso.

Ho trovato la mia via,

un'esistenza piena fatta di Energia.

Miyazachi

Era maggio

le primule gentilmente

volgevan verso il sole

mentre il timido tramonto

aveva un suono crepuscolare.

I rumori eran attutiti

e nei canneti riflessi sul lago,

il germogliare della ninfea

emetteva il suo dolce scintillio.

Da lì a poco, il cielo si aprì.

E nell'estroflettersi delle galassie,

le cromie di colore si accesero nell'immenso.

Tutto lì

in quell'attimo stupendo.

Azzurro

L'azzurro del Lago

l'azzurro del Cielo

e tutto si trasfigura

in un sentimento più Vero.

Pioggia di colori

di atmosfere profumate

che si staccano

dall'Arcobaleno

come Creature Incantante.

Andromeda

Un Giorno incontrai

quasi d'improvviso,

una Brezza Scintillante

che mi fece accedere al Cielo.

La Sua Energia si sprigionò in me

per farmi creare il ponte,

il ponte oltre il mio pensiero

un ponte che collega la Terra e il Cielo.

Una luce che accende i Colori del paradiso

Arancione, Giallo Intenso

e crea Fiori di Loto sul tuo Viso.

Una estrema sintonia

una Energia così Divina

che oltre il tuo Sguardo

percepisco una Fatina.

Chitarrista

Blu,

Rosso Giallo.

L' Emblema del Coraggio

che non si può acquistare

su un banchetto in riva al mare.

Che è sempre presente in te,

che a volte ti travolge come un Re'.

Nei suoi reami

oltre confine, sfida le onde

e le rende più vicine,

ci butta in mezzo la sua faccia,

e si innesca in lui la danza.

Che lo fa danzar lontano

come la musica che gli scorre nella mano.

Rosso dagli occhi del cielo

Le Nubi si Tingono

del Rosso del Cielo.

La Gente si Alza

e pensa che non è vero.

Non crede ai Suoi occhi

vedendo tanta Armonia

Gocce e Brezze di Colori

che scivolano Via.

Lungo i cieli illuminati

stropicciati di colori

Mille e varie Sfumature

che ci tingono i Cuori.

Sprigionano Emozioni

e si Riflettono su di Noi

come Fossimo Eterne

Luci dai Bagliori degli occhi Tuoi.

Uomini Contradditori

Macchine Ruggenti

Rumori Scoppiettanti

tutto è un lavoro

di emozioni travolgenti.

Non le vuoi far notare,

le tieni celate dentro al tuo Mare,

tinte forti di Colori

che non fai saltar fuori.

Che proietti con costanza

nei piatti della tua Danza,

perché', se pur etereo come un Bambino

devi dimostrare al Mondo

di essere sveglio al Mattino.

Di esser pronto al tuo mestiere, di Gentiluomo
anche sotto alle spoglie dell'altrui bicchiere,
che ti sfama e ti arricchisce
anche se la tua Anima si appesantisce.

Dipinto

Nelle Luci Intense
di un dipinto.
mai Raccontato.
Esplode l'Emozione
in un Universo
Incontaminato.

Sciarpa dai Colori Voluttuosi

Classici Maghetti
Streghette all'acqua di rose,
in un Turbinio, esplosivo
trasformano le loro cose.

Pozioni magiche, aneddoti misteriosi,

Zampe di Rana- Gallina e mille Petali gustosi.

Tutto è un mescolarsi

di mille Colori e Sfumature,

come una sciarpa voluttuosa che conduce a

Sogni a Imprevedibili Avventure.

E Tutto l'ecosistema s'intrinseca

di Colori di Fata,

dai riverberi Buoni,

Colori dell'Autunno che è già tra Noi.

Lo sguardo oltre la sera.

Rosa eterea primavera,

l'imbrunire della notte,

che ci porta le stelle a frotte.

E Quando saremo là oltre il nuovo Mondo,

voleremo in cielo,

e c'immedesimeremo in un etereo Giro Tondo.

Lapislazzuli nel Blu

Era una Stella

nell'Immenso Blu',

Stelle come Lapislazzuli

brillavano Lassù.

Aveva la Vista,

oltre la Comune Visione,

vedeva il Lago in ogni sua Emozione

a volte era Viola altre Arancione.

Percepiva i Colori

dell'Aurea attorno a te.

Era l'Angelo dei Tuoi Occhi

e così anche Lei per Te.

Ci trovammo insieme

in un tempo Ancestrale,

un tempo fatto di Attimi

senza Parole.

Un sentirsi nello Spirito,

una Creatività Nascente
come due gocce dello stesso Lago
che parlano, una lingua differente.
Per questo, a volte i tuoi sogni venivano
infranti, a volte, non ci capivamo e si restava
in due Mondi apparenti.
Perché' tu parli, in una lingua muta e sorda,
fatta di Emozioni, che non prendono Forma.
Io parlo tanto, la lingua parlata
adesso scrivo per te
questa favola Incantata:
o Musico delle acque
della terra degli Elfi,
quando i Tuoi occhi
si riempiranno di sogni trascendenti.
Quando ti scorgesti
sulle acque del Lago a perdifiato,
e le Ondine Emisero con Dolce e Effimera

Magia il soffio leggero

e turchese dell'Occhio che ti portò via.

In quegli attimi Infiniti

attimi Ancestrali, capimmo il nostro mistero,

intrinseco nelle ali,

dei Dolci Maestri

che ci attendono Lassù

nei Voli Celesti

dipinti di Blu'.

Dea

La Dea della Foresta

La Dea del Sole

si Ridesta dell'Essenza

Progredisce

all' Amore.

Il Mare nella Vita

Uno, Due, Tre

la Danza è come un Re

che la vuol far Danzare

come zattere in riva al Mare,

come un'eterna Odissea

la Danza spuma in alto

come la Marea,

che non si abbassa

alla Nuova Guinea.

Che si affaccia a vari continenti,

che s'inerpica, in mille spume stupefacenti,

che s'increspa, in tantissime sfaccettature

come Cristalli di Luce,

in nuove sfide e Mille avventure.

Ogni centimetro che si avanza

avvolge la nuova vita

nella sua interminabile Danza.

La Danza è Complessa,

a volte è un Vortice

a volte è Pura Bellezza.

Non la si può acquistare

è uno stato di Lievità

in mezzo a questo Mare.

Il Mare essenza di Vita

in tutte le Sue forme

con increspature

che Creano Baraonde.

A volte sono Tsunami

a volte Mareggiate,

noi teniamoci per mano

e affrontiamo insieme l'estate.

L'estate che avanza e le altre stagioni,

l'Anima ci tiene Solerti e Vigili,

a Nuovi Stadi a Nuove Emozioni.

E come una Nave che veleggia sul Mare,

spроniamo la nostra Intensa Prua

e non Lasciamoci Andare.

Veleggiamo, tra le Onde

di Questa Immensa Vita,

per far Crescere

il Sole

in un'Esistenza Infinita.

Il Cacciatore

WOW!! L' intrepido Cacciatore, con tutto il

Suo Splendore

che incombe,

che avanza,

esternandosi fuori dalla stanza.

Dalla stanza delle Meraviglie dove crea a

volte Scintille,

con la sua Fiocina o il Suo Fucile,

lui non si fa ammansire.

Sa come ben catturare, le belve,

nel suo Reame

la Foresta lo avvolge Lui ne è incantato,

come un Magico Fauno

dal volto Svelato.

Ricordi d'Autunno

Inizio D'Autunno

Alberi e Foglie

nel Dolce Autunno

si mescolano i colori

e tu passeggi adorno.

Sono Mete Colorate

sono Mondi Appariscenti

ti senti in Connubio

con queste Piante Onnipresenti.

E Loro si Accostano

agli Altri Della Terra

per Farla Crescere in Fiore

come Fosse la Loro

Patria Gemella.

Un Mescolarsi di Colori

d' Infinitesime Creature

che Crescono sugli Alberi

si manifestano in

Mille Avventure.

Tutte queste Piante

tutte Le Foreste

sono energie sempre Manifeste.

Quando tu Cammini

in Loro Compagnia

nei Boschi, nei Prati

percepisci Molta Energia.

Essa si Irradia dentro di te.

Ti sconnetti dal Mondo

perché' sai, che là c'è

l'Energia Perenne

di un Mondo Ancestrale.

Quella che percepivamo

quando eravamo

immersi nelle Campagne.

Quando il Tempo

passava Lento

e si contavano le Stagioni.

Quando Mietevamo i Campi

ed eravamo Agricoltori,

quando in un Tempo

fuori dal Tempo

eravamo in Connubio

con Essi.

Un Ponte di Magia

tra Due Mondi Riflessi.

Vento

Il Vento Sulle Foglie

il Vento Sulla Collina

il Vento che Porta

Un' Onda Marina.

Gocciola

All'interno, di un Mondo

che ancora non c'è,

c'è una gocciola di luce

attorno a te.

Fiorellino

Tenera come una Begonia.

Dolce come un Fiorellino.

Tu sei l'essere Splendente,

dell'effervescente Risveglio Mattutino.

Con la tua Grazia Gentilezza e

il tuo Sorriso Iridescente,

Conquisti tutti in un sol Lampo,

la Gente Ti Trova Travolgente.

Mondo Incompreso

Giallo, Verde e Nero

l'emblema del Mistero,

che non lo sa scalfire

come il marmo nelle sue rovine.

Che è incessante come una goccia d'acqua,

che piove sempre ma non si stacca,

dal temporale della vita,

perché' non sa, se l'ha veramente capita.

È eclettico, è frizzante, sembra

sempre di verdi speranze,

ma celato nel suo Animo Interno

C'è il Mistero dell'Inverno.

Che può essere Ghiacciato, ma per lui è

Un Mondo Incantato.

E Quando si trova lì

Dentro al suo stupore, è lì che percepisce un

gran Calore.

Vorrebbe portalo fuori con sé

Esternare questo Mondo alla conoscenza di

altri e portarlo sul palmo della mano.

Lui però sa che se un giorno lo condividerà

potrebbe rimanere deluso.

Perché' il Mondo intorno è schietto e schivo.

Allora lui si lascia andare dentro alla sua

barca come se ciondolasse

su una amaca stanca.

Non gli fa difetto il tempo che passa, basta

rimanere retto e non pensare all'altra faccia.

Mondo senza Ali

Un Mondo senza Ali

dove crescono tulipani
dove il sole resta perpetuo,
dove le foglie Gialle
e quelle Rosse, sul manto erboso
accolgono le energie dell'Autunno
per Renderlo Strepitoso.
Dove i Colori e le Brezze
di questo Dolce sentire
conducono la Mente assente
oltre il suo Divenire.
Nella Dimensione oltre confine
che non si percepisce ancora
dove le onde marine
portano una brezza sempre nuova.
Dove il Dolce passeggiare
e volare all'infinito
come fossi un'Anima senza corpo,
che volteggia nel Cielo.

È lo stimolo che Avanza

è Immensa Libertà

e di questa sensazione

ne Vorresti a Volontà.

Vorresti essere sempre

Etereo e Cangiante come il Cielo

per estraniarti da tutto

e ammirare l'altrui Mistero.

Foglie Colorate

Le Foglie Cadono

ma sono Colorate

son Rosse, son Gialle

son Nuvole Incantate.

Dove i Folletti della Foresta

van Su' e Giù,

le usano come Scivoli

per divertirsi lassù.

Con le Guance Sorridenti

sempre Pronti alla Battuta,

sono esseri Splendenti

in ogni loro Caduta.

Son Testine di Fiori

son Dentro alle Cortecce

non ne scorgere i colori

o saran Bizzeffe.

Il Sole riscalda i Rami

Il Sole Riscalda i Rami

sono Effervescenze

non Sono Sottopiani.

La Natura si Riflette in Esso

creando un Mondo

sempre più Complesso.

Dall'Estroflettersi

della Natura ogni Microprocesso

porta una Nuova Congettura.

E sono le Cellule

del Tuo Corpo,

del Corpo delle Energie Esistenti.

Alberi, Foreste, Querce

e Mondi Apparenti.

Tutto è un'Armonia

di Magici Splendidi Colori

Noi siamo

il Grandissimo Processo

che si Espande in

Universi Nuovi.

Noi Siamo Cromie di Colore

ogni piccola particella

porta in Sé

il Buonumore.

Le Gemelle Bon Ton

Le Gemelle Bon Ton

ascoltano gli altrui consigli

con Attenzione

senza Far Sbadigli.

Sono essenze di ragazze

son Principesse

senza Corazze.

Sono puri germogli

di essenze d'Amore

sono come Fatine

dall'Aspetto Ornamentale.

Sono timide

son Carine

son delle eterne Bambine.

Vivono nella loro stanza

dove improvvisano una Danza,

la Danza dei Vestiti

degli elementi sconosciuti.

Volteggiano Sopra i quadri

son le Ninfee delle Acque

dei Cipressi affacciati sui Laghi.

Loro sono Eteree,

come la Brezza di Primavera

sprigionano la loro Energia

in Fiori, Bacche e in Pura Magia.

Son le Fatine del Bosco

da cui, si fanno ammaliare

Usignoli, Scoiattoli, e altri

Animali da dispensare.

Loro si occupano di tutto,

Questo è il loro dovere

lo fanno Volentieri

Senza alzare un Bicchiere.

Son le Prode Gesta

di Queste incredibili bambine

che ogni giorno ci ridesta
il Sonno nel loro
Dolce Apparire.

Il Boschetto Incantato

Nell'anima di un Bosco
Pieno di Buganvillee
si esprimono emozioni
a mille meraviglie.
Quando ne intravedi anche tu i colori
il Tuo Animo si Rigenera
Verso Mondi e Sogni Nuovi.
Mille Meraviglie
di sentimento e Colore
Ravvivano il Cuore
in un Suo Nuovo Splendore.

Brezza leggera

Ridenti nel Tempo

Ridenti nel Mare

ogni Scioglievolezza

Ti lascia accompagnare.

Nei piaceri del Tempo

della Tua Vita Infinita,

ogni piccola emozione

è sempre più gradita.

E quando Guardi all'Orizzonte

e non sai il tuo Cammino,

una Brezza Leggera

ti accarezza il Visino.

Passerai dei Giorni tristi,

ma il Chiarore arriverà,

appena Respirerai a Pieni Polmoni

la Brezza del Lago nella

Sua immensità.

Mondi Infiniti

Energie dei Mondi

Energie del Sole

ogni palpito pulsante

È Amore.

Luna

Guarda che Luna,

Guarda che Mare,

Guarda le notti intense

che ci fanno naufragare.

Vivi la Vita

Vivi la Vita Vivila appieno

sii come un Menestrello

sii come un Messaggero.

Volante di Giorno Alato di Notte

che se ne va' a zonzo, tra mille flotte,

che salpa per Sogni pieni d'avventure,

gira per il Mondo senza aver paura.

Le sfide, lui le affronta, e sai perché'?

Perché' dietro ad ogni onda

un Mondo Nuovo c'è.

IL Mondo, gli Rivolge i Suoi Timidi Sguardi,

son come Bagliori, per lui sono Traguardi.

E la creatura, si trasforma, pian piano dentro

sé, ritrova una Nuova Forma, un Nuovo

Mondo dentro al proprio Sé.

I Mondi Sono Infiniti, come infinito è il

percepire l'altrui dimensione che ti fa volare, in

una Nuova Visione.

IL Sogno è Infinito, non lo dimenticare mai.

È come un Bocciolo son parole stese al Vento,

boccioli che si aprono a te in ogni momento.

E il loro cantare è Soave, il suono è Leggero,

Lo percepisci appena è il tuo Tamburo,

il tuo Condottiero.

Che si alleggerisce assai, quando veloci come il

vento scendono stelle dal firmamento.

La loro polvere e il loro bagliore attiran

magicamente esserini sfavillanti che

volteggiano in mezzo alla gente.

E di questo Mondo Magico, non ti stancare

mai è la tua vena creativa, che si fa avanti e

ben presto lo scoprirai.

DALLA NATURA

AL CUORE

Nota introduttiva

Sono cresciuta senza padre, perché i miei genitori si separarono quando ero molto piccola.
È tutto quello che ricordo, sono timidi frammenti di gocce d'amore nell'infinito.
Percepire l'Amore di una Nonna quando ti prepara lo Zabaione (buonissimo, solo come lo sapeva fare Lei, con tanta passione e tanto affetto).
La mamma che ti porta per i mercatini e acquista per te il minerale così caro, per la tua collezione.
Ogni gesto di affetto viene percepito dalla persona (bambina), come un prezioso dono.
E la bambina, tutti questi doni li custodisce dentro, e si trasformano in immaginazione.
Questa fervida immaginazione mi ha permesso di accostarmi sempre più nella vita, alle percezioni che si hanno quando si è immersi nella natura.
Proprio mentre osservo i fiori, il germogliare dei boccioli, i cieli all'infinito, mi immedesimo in essi e prende vita la Poesia.

La raccolta è dedicata a tutte le persone che non hanno mai smesso di sognare e che danno importanza al sentimento dell'Amore.

Amore inteso come "pura essenza elementare verso ogni forma di vita".

Un Ringraziamento particolare a Fabio

Effluvio

Il Mare

Il Vento

L' Effluvio dei Fiori

Il Dolce Risveglio dei Mille Colori.

Il Risveglio

Dell' intensità

Della Dolce Apparenza

L'eterno Germogliare

di Una Sempre più Verde

Presenza.

Bambini che giocano

e il Loro Divenire.

Come Fossero

teneri folletti

nel mostrarsi al mondo

nel dolce Apparire.

Le Fate

Le Fate Dei Boschi

Le Fate Dei Fiori

Dipingono il Mondo di Mille Colori

Il Tutto

Tutto si erge su un grande Prato

rendendo il mondo sempre più incantato.

Gocce

Piovono Gocce d' Amore

Piovono Gocce dal Sole

Come un Eterno Battito

Pulsante d'Amore.

Petali di Rosa

Petali di Rosa

Si spargono nell'universo

Sono petali al Sole

Sono Frammenti di un Tempo

Perso.

Riflessi di Fata

Riflessi di Fata,

Riflessi D' Argento,

Crogiolati al Sole in ogni Momento.

Giada

Se tu fossi Giada

Se tu fossi Amore

Ti apriresti Come una Perla nel Cielo

Nel tuo Nuovo Splendore

Tutti quanti Noi

Tutti quanti Noi,

Sordi Muti e Eroi,

Dipingiamo le nostre giornate,

Di creature Velate.

Ricamando una Trama Infinita,

Com'è Ricca e Sorridente

La Vita.

Le Stelle Scendono

Le stelle scendono, si ispirano a

un fiore, sono le brezze

di mille parole.

Soffiate dal vento, brillanti come

il sole

Ogni sfumatura è Gioia è Colore.

Nuvola Rossa

Una Nuvola è Rossa,

Una Nuvola è Blu,

Tu Sei sempre più Bella

Ogni Giorno di più.

La Neve si Tracima

La Neve si tracima,

e nel suo Vero Canto

Tu Ti Risvegli

Di Un' Incanto.

Nella Montagna davanti a Me

Nella Montagna davanti a Me

C'è la Neve Bianca, Bianca come Te

Splendida al Sole, Lucente alla

Luna.

Come un Fiocco Candido ti

Avvolge Dolcemente;

Così il Manto Nevoso ti Abbraccia Immensamente.

Colore

IL Colore è la Magia,

che ci fa crescere in Armonia

con la Natura con L'universo,

Che ci Abbraccia

In Un Cuore Immenso.

Al Centro di una Stella

Al centro della Stella

c'è una Forza Speciale

e Molto Bella

Un AMORE Cosmico;

Calma, Pace, Pienezza

Uno Stato di Lievità

che tutto Colma e a cui tutto Sta.

Gelido Inverno

Si Dipinge, il Sole

Si Dipinge il Desiderio

Come Eterni Raggi

In questo Gelido Inverno.

Glicine Incantato

Il Sole si è appoggiato,

Su questo Glicine Incantato

Ha Fatto Esplodere la Primavera

Riempiendo la Terra

di una Magica Atmosfera.

Splendore

Sei nel sole Sei nell'amore

Sei un vero splendore.

Nucleo

Dentro al Nucleo

Del tuo Cuore

C'è una Magia

Piena d'amore.

Perla

Tu Sei la Perla,

Che Risplende al Sole

Sei come una Striscia

Di Mille Parole.

Sei Cangiante col Vento

Sei In Fondo al Mare

Ma niente ti Scompiglia

Tutto ti fa luccicare.

Sei lo Zaffiro della tua essenza

La Luce che proietti è Fluorescenza.

Luna

Veniamo dal Cielo

Veniamo dal Mare

Ma sempre la Luna

Possiamo Ammirare.

Stella Nascente

Le Stelle di un Mondo

Che ancora non c'è

Sembrano fiaccole di Luce

Intorno a te.

La Luce, l'acutezza

l'ampiezza delle parole

Mi fan tornare in Mente

Il Riverbero del Fuoco

Intorno al Sole.

Lepri nell' Immenso

Lepri all'imbrunire

E Cielo Esteso e Terso

All'Apparire.

Sembra Sempre più Distante

E non lo Tocchi, in un Solo Istante

È esteso a Nord a Sud a Ovest

Dove si Erge lo Sguardo

Oltre Le Verdi Praterie Nuove.

Testine di Fiori

Si Aprono al Centro

Vedi uno Stagno e ti accorgi

Che è Immenso.

È un Nucleo Colmo

D' Infinitesime Creature

Che a loro Volta hanno un Mondo

Da Dispensare.

È un Macro mondo all'interno di te stesso

Sei Parte del Globo Ma non sei più lo stesso.

La Percezione Muta

Ti Cambia La Vita

Oltre quell'Istante

C'è una Presenza Infinita.

E tu non ti accorgi di Camminare

Fuori Tempo

Finche' non cogli l'attimo e dici

Acconsento.

Acconsenti alla Vita di Far Parte di Essa

Immergiti nella Bellezza

Che lei ti Offre e che lei Apprezza.

E quando Sarai Oltre

Oltre il Tuo Cammino

Fai Riecheggiare in Te

le Sensazioni del Tuo Bambino.

Le Percezioni di Un Tempo

Si Moltiplicano dentro Te

Per Farti Andare Oltre e percepire un'altra Te.

Tu Eri la Dolce metà

Tu eri la dolce metà,

incontrata in un battito di ciglia,

eri come il nettare della Giunchiglia.

Come l'ape che si posa sul suo fiore preferito,

per accogliere l'Amato,

e trasformarlo nel suo dolce prelibato.

Quello che sta dentro, Dentro al suo Cuore,

che riveste con cura per cullare il suo Amore.

Ma lui non si accorge di queste sue premure e col

tempo si volge verso altre avventure.

L'amato è nel suo limbo,

nella sua dimensione,

si coccola da solo, va verso la paura.

Per lui l'ape non esiste più, coi suoi balzi le sue

Attenzioni.

Lui è chiuso nel suo bozzolo e non ne viene fuori.

In Grembo un Bambino

In grembo un Bambino

Il letto a lui vicino

Il suon dolce della sua ninna nanna

Che lo porta in una dolce danza.

Nel mondo a lui conosciuto

Quello fatato, mai perduto

Dove ci si può crogiolare

Stando al sole in riva al mare.

Stando sotto una forte Quercia

Che ti protegge, dalla Tempesta,

Dai malanni della vita,

La Dolce Quercia

È infinita.

Sotto di lei l'erbetta Germoglia

E un lungo prato verde,

Che sembra un tappeto

Ti invita a sdraiarti; e a immaginare L'Infinito.

Un Mare di Notte

Un Mare di Notte,

Un Mare di Giorno,

La Pioggia che scende,

e si Riflette al Tramonto.

Dallo Specchio d'acqua che ognuno è

Qualcosa s'intravede nel dentro di sé.

L'immagine è la stessa, non andrà perduta, rimarrà sempre impressa nella memoria vissuta.

Ogni Emozione si può Purificare, basta volerlo e darsi da fare.

Il Giorno Cambierà, e tu in esso cambierai e col tuo

mutamento il suolo vivificherai.

Quello che tu senti, è presente anche in me, è lo strazio Agghiacciante, il rantolo del pianto, che ogni giorno sappiamo che c'è.

Sappi che non sei sola, nel Lungo viaggio, Insieme ce la faremo a portare il messaggio.

Lassù nella Luce più Pura che c'è dove ci sono i nostri Angeli, dove ci aspetta il nostro Sé

Per Un Calciatore

Via da quelle rive,

Subito oltre confine,

Si erge un grande prato,

Pieno di onde Marine.

Nel Vagabondare a pieno

Intorno a quei villaggi Il prode cavaliere

Porta i suoi messaggi.

Messaggi di un Tempo

Di una vita Vera

Sentita tra le Sponde

Di una Dolce Atmosfera.

E tu che ti diletti

Nei rami del tuo campo

Ondeggia sempre in avanti

Per partire all'assalto,

Di una Foriera Vittoria

Sempre, sentita e presente

Percepita nelle gambe

E Sognata nella Mente.

Cioccolato

Sciogli un Dipinto,

Scioglilo come un bacio,

Si trasformerà in un fiore variegato, dai colori pastello,

esso sarà dipinto:

azzurro, lilla, blu cobalto.

Le orme di un tempo,

i cieli sopra di noi,

costellazioni e miriadi di mondi,

dove sono i nostri eroi,

quelli dei cartoni,

degli amori all'infinito,

che ti lasciano il ricordo,

di un amore senza fiato.

Solo sfiorando la tua bocca da baciare, assaporo il cioccolato, che mi fa anche lui pensare,

alle tue timide carezze,

al tuo calore a perdifiato,

come fosse un dolce Pegaso

di Un Mondo Incantato.

Arcobaleno

I pianeti girano In un vortice Rotondo

La Luce discende, Per irradiare il Mondo.

Si posa sul capo di Ogni Persona

Alcuni la percepiscono Altri la sentono come Parola.

Ogni Germoglio è un'energia che nasce

Ne vediamo i frutti Ma non capiamo la sua Voce.

Il Mondo è un'infinita Emersione di Energie

Alcune le percepiamo Altre sono Simpatie.

In Questa Nuvola di Mille Splendenti Colori,

Noi ci tingiamo addosso, Questi Preziosi Doni.

Ogni Momento che Viviamo in Allegria

Colorerà la Nostra Anima

e quella di chi ci fa Compagnia.

Tingiamoci dei Mille Colori Dell'Arcobaleno

Per Creare Un MONDO Sempre Più Sereno.

Perito Moreno

Le Ninfee dei Laghi Facevano Festa,

Mentre tu e il tuo Amore Parlavate delle Loro Gesta.

Di Un Tempo Incantato, Scandito di Attimi

Infiniti dove Tu e il Tuo Amore,

Osservavate i Prati.

I Prati in Fiore, Il Germogliare a Primavera, Di Una Nuova Essenza Di Un'immensa Atmosfera.

Il Crepitio degli Zoccoli, Sulla Prima Neve Fresca,

L'Emozione di Un Bacio, Sulla Vetta Dispersa.

Da tempo Sognavate Di Avanzare tra le Onde, Per Raggiungere, ben presto: Il Maestoso, IL Grande

IL Ghiacciaio Immacolato.

Da Atlantide, fin Qua

IL Perito Moreno è già Realtà.

Stelle nel Cielo

Nella notte tra le onde

E Marte al centro del Cielo.

S'intravede un Paesaggio

Sempre più sincero.

Quello delle stelle splendenti

All'imbrunire.

Un sentimento silenzioso

Nell'apparire.

È un'emozione strana

È una pace senza confini

Che Cancella i pensieri

E li rende più sublimi.

Son le Stelle del Cielo

E il loro Divenire

Che ti Apre gli occhi

Nel suo dolce apparire.

Che ti svela, la nuova strada

La tua nuova dimensione

Una Gioia Infinita

In ogni tua Emozione.

Volare Leggero

Immersa nella Sabbia

Immersa nel Blu

Dipingo le tue Ali

Per immedesimarci lassù.

Tra i pianeti e gli universi

Dove mi vorrai portare

Col tuo Volo Leggiadro

Splendido come il Mare.

I nostri emisferi

Si sono incontrati

Per far accender scintille

Nei dolci e verdi prati.

E nel volare leggero

Nel Blu e sempre più su

Incontriamo galassie Fucsia

Oro, Incenso e Blu.

In questa atmosfera Sublime

D'immensa Felicità

Assaporiamo il Cioccolato

Che ci porta la sua Bontà

E i nostri cuori Immensi
Si Stagliano nel Cielo
Per rendere ogni Giorno
Il più Bello e il più leggero.

Percepisci

Percepisci l'umido
Dell'erba appena tagliata
Percepisci la Gioia di una Mareggiata.
Percepisci l'intenso
Che C'è Dentro te
Percepisci i Frammenti
Di Un Nuovo Sé.
Lacrime d'infinito
ti sgorgano dagli occhi
sono come le palle
dei timidi Balocchi.
Quelli che appendevi

quand'eri bambina

timida, intensa e piccolina.

Gioie di Calore

Gocce colorate sulle corolle dei Fiori

Si estendono in vari mondi,

sono come Sensazioni.

Sono Emozioni di Colore Intenso

Sono effemeridi impalpabili,

getti delle cascate

Sono nuova vita che Sboccia

in un Eterno Divenire

Ti riempiono il Cuore e

non lo fanno appassire.

Sono Emozioni Intense

Ricche di Gioia e di Risate

Si colorano ogni giorno

ti fan percepire l'estate.

Tutto è colore, tutto è una

Sfumatura per far fermare il tempo

di una Tua Nuova Scrittura.

La scrittura del tuo tempo,

ancora non compreso

Di una nuova gemmazione multi-vitale

Questo spettacolo di

Colori Inter-Dimensionale Fa nascere in noi una sinfonia spaziale.

Quella che ci avvolge quando stiamo insieme.

La Danza delle Anime.

Un'unica sinfonia

emanata dal Tempo

che non scivola Via.

Passeri Danzanti

Si Odono Soavi

I Canti Lievi

e Passeggeri

Di Questi Passeri Danzanti

Nei Boschetti di Oggi

E di Ieri.

Si Immedesimano in Natura

E ti Accolgono Col Loro Canto

Per Farti Provare il Brivido

Di Un Dolce e Mistico Canto.

Fiore

Di un Fiore

Si percepisce

L' Amore.

L' Amore per ogni cosa

Che illumina la vita.

L' Amore per un'esistenza

Più che infinita.

L' Amore che da Coraggio

Che fa cambiar le cose.

Come un Battito d'ali,

Come un Frammento di Vita,

Come Eterno Amore.

La Matta

Gira la carta,

Gira la ruota

Ogni giocata non è sempre vuota.

A volte persa nei rivoli del Mare

A volte vince e ti fa Sospirare.

A volte è una nuvola Piena d'Acqua

che vede un Grifone e poi scappa

Altre volte è una Fenice che ti riempie d'Amore

e poi ti ammansisce.

A volte non lo sai nemmeno te

Gira la carta ancora una volta

e troverai la soluzione ai Tuoi Perché'

Alberi verso il Sole

Talmente Belle

Le Piante Nelle Foreste

Ippocastani, Querce.

E l'erba si Desta

Tutto è un Crogiolare

di Luci e Miriadi di Colori.

Con gli Animali che Parlano,

coi loro Soavi Rumori.

E tutto Questo è Vita

Tutto questo è Pace

Chi Trova l'armonia

La Calma a Viva Voce.

E tutto è Sentimento

E tutto Questo è Amore

Come L' Albero Coi Suoi

Rami, che si Erge Verso Il Sole.

Tu che sei Infinito

Festa di Giunchiglie

Festa di Zanzare

l'erba che danza

nel tratto verso il mare.

E tu che sei Farfalla e ti posi

su questo fiore

Possa il tuo Battito di Ali

far Rinascere in Lui il Calore.

Di un'esistenza Vera ancora non perduta.

L'esistenza di Una Via di una Vita a Lui Sconosciuta

Che gli Fa Tremare il Cuore

Che lo Fa Tremare Dentro

Perché' Possa Percepire l'Intenso Firmamento

che emergerà in Lui appena si lascerà andare,

senza ascoltare come sempre i tormenti del suo Male.

E la mente lo distrae dai piacevoli Momenti,

Egli non si vuol far trasportare dai nuovi eventi.

E rimane rannicchiato dentro l'acqua della Vasca

Come se fosse nel Grembo Materno e protetto in quella stanza.

Le protezioni non servono più Ora tu sei Cresciuto,

lascia il Bimbo nel suo Limbo.

E dai la Mano a una Sconosciuta

Che di vite ne ha passate, ma adesso è qua per te

Per Farti Riemerge Nel Tuo Nuovo Sé.

Quando senti nascere

Quando senti nascere un Calore dal Profondo.

Quella è la sensazione più Bella del Mondo.

Quando sei con l'amato

E ti senti tracimare

Una voglia, un calore intenso,

Che non sai controllare.

Acconsenti la sua ascesa

Dentro e fuori di te

Per essere ricompensato come un grande Re'

Il Vero Amore

Il vero Amore

Nascerà nelle onde

Di un Prato dal profumo variegato

Durante una tempesta racconterai,

Le incredibili gesta,

di Draghi di Cavalieri

d'impavidi Arcieri.

Tutto questo è il tuo Mondo

e tu sei lì con esso,

per accedere al tuo sogno

che non è sempre lo stesso.

Sei la Luce

Sei la Luce,

Sei la Pienezza,

Intorno a te è

Un'eterna Danza.

Di Musica, Colori, Ebrezza, Sinfonia

Tutto Nasce, come un Fiore,

Con un'eterna Magia.

IL Bocciolo si apre, ad esperienze, nuove,

dove ogni cosa, si apre a un'emozione Nuova.

Noi siamo Scintille di Pura Energia

dove ogni notte è Un Incanto Pieno di Magia.

La Musica è la Dimensione

La Musica è la Dimensione

in cui ti fai trasformare,

come se fosse un Mondo Nuovo da Esplorare.

L'immaginazione Scalpita

e sai che dentro di Te,

c'è qualcosa di Nuovo

che sta nascendo

con un Nuovo Sé

Acque di un laghetto profumato

Ti rinfreschi nelle acque di un Laghetto Profumato

Nelle Onde di un Prato

Dal Colore Variegato.

Nelle trame di un Dipinto

Ti Immergi d'incanto

IL Bosco ti Solleva col Suo Splendido Canto.

L'Armonia è Soave accanto a Te

Perché' Tu, Sei Maestoso in quel Luogo accanto a Te.

Tutt'intorno è una danza di solerte Allegria,

da cui ti lasci trasportare in Sintonia.

L'Amore è la Primula che Riecheggia

L'Amore è una Primula,

che riecheggia qui nel Vento

E il magico,

Flusso di ogni momento.

È la corrente stellare

che conduce all'infinito

in uno spazio galattico

verso nebulose,

stelle, asteroidi

e altre dimensioni.

Tutte foriere di nuove emozioni,

gialle, rosa, blu, azzurro e turchino,

è come il Sogno intenso

di un etereo Bambino.

Che nella culla immagina mondi infiniti,

cullati da dolci melodie

e da colori Delicati.

E tu che sei immerso

sempre nei tuoi pensieri,

lasciati andare a Eventi passeggeri

che non devono turbare

il tuo stato interno.

Devi fare ancora conto sull'amore eterno.

Quello che intrapresi

con la promessa infinita

che quell'amore di un tempo

fosse la tua Anima Gemella!!

Nel Mondo Tutto Blu

Nel mondo tutto Blu, il sole non c'è più

ma una Magica Atmosfera si infonde in tutta la Sfera.

Sono Elfi, Folletti e Fate

dalle Ali Pralinate che volando in mezzo alla Scia,

pervadono il Mondo di Dolcezza e Euforia.

La Magia è tutta qua

Dentro a Ogni Cuore, IMMENSO, di Luce e Bontà.

Nel Blu della Sera

Nel blu della Sera,

incontrai la Primavera,

che dipinse,

di viola lilla turchino,

tutto il pianeta

per rivederlo al mattino.

Dai colori sgargianti

il Cielo si stupì

E tutto l'universo mi sorrise.

Vedendosi finalmente Felice

ricolmo di energia Eterea

Da lì diventò un Pianeta Spirituale.

Dove ti Rivolgi coi tuoi Timidi Sguardi

Dove ti rivolgi,

coi tuoi timidi sguardi,

nelle onde riecheggi.

Passaggi e passaggi di vite,

dedicate alla sofferenza,

dove niente appariva nella vera essenza.

Quella che ci Accolse col Vero Amore,

quando vedemmo la nostra Anima

nel Suo Bellissimo Splendore.

La Mente è Assente

La mente è assente,

La civiltà è perduta,

Ogni nuova fiamma data per sconosciuta.

Tutti noi un tempo vivemmo mille vite

e ci conoscemmo in simili avventure o sfide.

Oggi come allora, combattiamo le nostre sfide

per rinascere di nuovo e svoltare in mille rive.

Ti senti Foriero

Ti senti Foriero,

Nella tua Nuova Dimensione.

Come un Condottiero coglie l'occasione di portare avanti la sua enorme Armata,

facendosi Carico di ogni nuova sferrata.

La Dimensione è Eterea di questo nuovo

Sogno, ti fa credere nella vittoria,

di non avere più bisogno

delle persone care che ti stavano vicino

riempiendo il tuo Cuore,

non quello di un assassino.

Assetato di vendetta e non più col Cuore Immenso,

quello di un Giovanotto nel suo più bel Momento.

Quando egli conobbe la Fanciulla dei suoi sogni e la portò con lui,

negli immensi prati buoni,

quelli sempre fioriti

dell'erba sempre più Verde,

quelle distese immense

di fiori e di perle,

quella giocosità innata che distingue i cuori,

i loro sguardi lucidi pieni di Amori.

Gli Amori Immensi, quelli che ti fan Volare

Ti sembra di essere in cielo anche quando sei per mare

Ti sembra di camminare tra le giunchiglie di un grande prato fiorito,

Ti appaiono gli Angeli in cielo, mentre ti distendi sul prato.

Ti sembra di giocare con la brezza del Vento, come se ogni giorno Volasse come se fosse ancora quel momento.

Quando i vostri occhi si incrociarono lungo le linee del tempo, come foste parti uguali o puntini nel Firmamento.

Un Babbetto Niente Male si aggirava per Natale

Un Babbetto Niente Male si Aggirava per Natale.

Tra Viuzze, *strettoiette* aveva Adocchiato le sue Casette.

Con Regali Strepitosi da consegnare a Bambini " Golosi"

Voleva entrare dal Camino, ma non era certo un Filettino.

Decise allora di non Sprecare il poco tempo del Natale.

Ogni Pacchetto Volò via,

per arrivare con Magia nelle stanze dei Bambini,

belli, furbi e birichini.

Allora tutti i Bimbi acclamarono in Coro:

Babbo Natale sei il Nostro Grande Tesoro

Tu Eri il Mio Amore

Tu eri il mio AMORE,

Tu eri il mio Ometto e

Adesso che sei cresciuto

Me ne accorgo solo adesso.

Di quanto ti ho amato di quanto sei importante per me,

tu sei la mia essenza,

tu sei il mio Re.

Ogni tua espressione è parte di

Me, ti leggo negli occhi il tuo Amore per me.

Tu dici che non provi nulla!

Perché' mi fai soffrire?

Non pensi che anche io sia stata

sul Punto di Morire,

dopo quel tremendo incidente di alcuni anni fa.

Dove tu perdesti la fiducia della mia immensità

Nei Limiti di Un Grande e Verde Prato

Nei limiti di un Grande Verde prato

Mi accingo a cogliere un Fiore mai Nato.

È nella sua Bellezza che si riflette in me

la Limpidezza di questa Esperienza Pura,

di non avere più Paura.

Di andare avanti per la mia strada veloce come il vento
o lenta come la pioggia

che si posa su ogni cosa

Solo con una goccia.

L'estroflettersi è immediato nelle cellule

del tuo corpo, ogni nuova emozione porta con sé il trasporto, di questa Nuova vita che ti si apre Davanti come un Bagliore

come immensi e verdi Campi.

È giunto il Tuo Momento

è Ora che Tu Vada,

Verso la tua Nuova Meta verso il cielo o l'autostrada.

Decidi tu il tempo in cui staccarti dal passato per iniziare un nuovo cammino dentro di te,

in un Grande Prato.

Sensazioni del Chianti

Megattere del Cielo

Megattere del Mare

Ogni Onda

è come una foglia

che si lascia trasportare.

Dal cielo, dalle acque

Dai sospiri di un vento sfumato; che dà vita ai tralicci, di queste culture a perdifiato.

E mentre ti immergi

Con lo sguardo nella Natura.

Senti di farne parte in ogni tua struttura.

Le colline verdi, primeggiano la vista

dei vigneti agli albori.

Quando potrai degustare

tra le tue papille, l'aroma del Chianti.

Quando Degusterai, questa inebriante sensazione che ti porta oltre il tempo.

Che ti porta con lei, in una nuova

Dimensione.

Ti Vedo Tremare

Ti vedo tremare,

Dietro la tua parvenza Virile,

Ti Nascondi dietro una Maschera,

Bello per Apparire.

Ma io ti sento Dentro, e Capisco, perché'

dietro a quello Sguardo

un Sentimento ancora c'è.

Nei Meandri di un Prato perso

Nei meandri di un prato perso,

Eri come le foglie distese nell'Universo

Eri l'acqua, l'acqua sorgiva, che sgorgava veloce in ogni sua Riva.

Eri la colla che si staccava dalla quercia, un filamento Lungo di una vita appena persa.

Eri l'essenziale, Eri tutto per me

E adesso che non ci sei più

Mi accorgo di aver perso una parte di Me.

Alla mia Mamma

Alla mia Mamma dal Profondo del Cuore dove ogni giorno Nasce il Sole

io ti vedo e ti ammiro e mi accorgo di ogni tuo respiro.

Spero Sempre di Rallegrare la Speranza che è in te e di renderti Felice.

Anche se non sono come mi Vorresti.

Ma il Figlio deve essere Lasciato libero di Esprimersi com'è nel Suo Essere.

Anche se è diverso dalla nostra concezione.

Un Giorno di Primavera mi Risvegliai Una Sera

Un giorno di Primavera,

mi svegliai la sera

C'era un Rosso così profondo

che si addormentò perfino il Mondo.

Di lì a poco Una Stella Comparve

e nel Cielo terso tutto il Cosmo si Aprì

Nel vedere quell'Immensità,

Un Senso di Pace Avvolse Tutta L' Umanità

Riscoprii la Pace, l'Essenza, la Virtu'

di tutte quelle Anime che al Mondo non ci sono Più.

Nei Teneri Giardini

Le Lucciole Svolazzanti,

Nel Mondo Tutto Blu

Ci Porgono il Loro Bagliore,

Per Immedesimarci Lassù.

Ricordiamoci le Estati, in cui eravamo Bambini

Milioni di Ricordi,

Nei Teneri Giardini.

Nelle Immense Praterie

Nei Boschi Profumati

Dove il Profumo di quei Petali

Appena Sbocciati, ci faceva essere eterei come le Fatine.

Ballavamo, coi Fiori, eravamo parte del loro Mondo

Il Mondo Incantato, di un Tenero Ricordo.

Abbaglio

IL SOLE è Energia

IL SOLE è Magia

Il SOLE è non è una Molecola

IL SOLE è Espressione

E Trasforma la Vita,

Crea e dà Emozione.

Il Sole può Essere un Uomo

Il Sole può Essere qualsiasi Cosa.

Una Persona, che ti sta accanto

Ti dà una Mano

E fa rinascere in te

Il Sole piano piano.

Come una Nuova Gemma

Come un Nuovo Ciclo,

che sta per Mutare

Come le Onde nel Vento, che si lasciano trasfigurare.

Eggregore

Eggregore di Luci

E il Cielo si Apre

Son Costellazioni,

Non sono Nuvole addormentate.

E tu che volgi,

Lo Sguardo

In Su al Nuovo Mondo.

Ricordati delle Fate

Che fanno il girotondo.

Nelle Immense Campagne,

Nei Prati Fioriti,

Ci Accolgono Col Loro Canto

E Ci Rendono Felici.

Orchidea Selvaggia

E...

Se tu fossi un'Orchidea Selvaggia.

Io come ti riconoscerei?

Saresti quella Rosa

Quella di Un intenso Blu

O quella dei Colori di Lassù.

Saresti verde come il prato

in fondo al mare,

O saresti uno squarcio nel cielo da cui poter un Giorno sognare.

Io non so

Come saresti per me

Ma il cielo si appresta

A essere pazzo di te.

Le parole sono come Fiori

La colla che ammalia,

Le tue dolci e lievi parole

Il Sole che Splende

Sopra il Loto di un Fiore.

Soler parole Splendenti

Si Odon dai Prati

Navigano nel Vento

Sorridono i Copricapi.

Passano le Impetuose

Vette Alpine

Si affacciano alle Stelle che sembran così vicine.

Le Parole sono Immagini

Emozioni Inesplorate

Fan volar la fantasia

Son sfumature Colorate.

Le Parole, son come Cuori

Che si devono Aprire

Come il Glicine in Fiore

Che ti sa ammansire.

Le Parole volano sopra

Un prato Fiorito

Fan crear il dipinto al pittore

Come se fossero il vento a perdifiato.

Ogni colore una spennellata

Una magia d'amore.

Dalle parole trapela la favola infinita

Di una storia così bella Com'è La Vita.

IL Tramonto sull'orlo del Limpido Cielo

Un Volo di Notte

Un Volo di Sera

Una Magica Spugna

Ed è già Primavera.

Primavera di Boccioli di Rosa Fioriti

Di non ti scordar di me appena pronunciati.

Un Usignolo canta all'alba fiorita

La brezza che sgorga dopo una passeggiata.

IL Tramonto sull'orlo del Limpido Cielo

Dove ogni tramonto segna sempre più il mistero

Della notte celata, avvolta tra le nubi

Dalla notte stellata ammirata nei lunghi cieli.

I cieli d'estate, dell'estate vicina, dove ogni cosa ti

sembra più carina

Perché' hai tempo per osservarla e per amarla meglio

Nel tuo Bellissimo sogno prima dell'inverno.

Il tempo che ci toglie di fretta l'inverno

L'inverno con la neve dal tenero candore

una coltre Inesplicabile di tanto SPLENDORE.

Ti richiama i ricordi, di un tempo che fu

Tutti si trovano assorti,

nel tempo che non c'è più.

L' inverno ti placa l'animo dentro, ti ritrovi giacente, nel tuo firmamento

Di stelle accese che vogliono sbocciare, di sentimenti infranti che vorresti allontanare.

Dall'eterno te, che ancora non comprendi

Che un giorno si libererà nei cieli Solenni.

Fantasia

Ogni ora del Giorno,

Ogni ora della Notte.

Mille stelle splendenti
Si fan vive nelle grotte.
E a un battito di ciglia,
Appare in sé la Meraviglia,
Di Fatine sorridenti, irrequiete
E dispettose, che fan scherzi
Alle Cose.
Poi arrivano i Folletti
Con i loro Spiritosi Berretti.
Che fan tremar le foglie,
Per Scivolargli accanto e crear
Nella Foresta un Divertente Parco.
Arrivano Gli Elfi, con l'Arco sempre
In mano, per Scoccare la Freccia
E abbracciare un Tulipano.
E infine gli Gnomi
Con i loro gran piedoni,
Che si apprestano ad entrare

Nel Lago Secolare.

Ma gli fan cenno le Ondine

Furbe Belle e Birichine:

" Non Entrate Per Favore!"

Qui dimoran le Sirene, protettrici delle acque e i Tritoni le tengon

d'occhio, che non facciano Borracce.

Borracce con l'acqua pura e sorgiva

Che Tracima dalla Fonte per

giunger Fino a Riva.

Dove le Silfidi in Volo,

Insieme alle Libellule e alla Natura,

Fan Risorgere l'Arcobaleno da

Quella Bella Altura.

Il Blu

Il Blu

Ci immerge nelle Sue Dolci praterie

Di notte Vestite Come tenere Magie

Come Filamenti Argentei; Che Corrono Insieme Nelle Luci Emergenti

Delle sorgenti sempre accese.

Tingiti Anche Tu In questo Specchio Tutto Blu

Esci di Casa Fai scivolar la sera come se fosse Una dolce e tenera primavera.

Dove i fiori Sboccian E si immergono nel Blu Dei Tuoi Occhi Cristallini Dell'Anima che Risplende Sempre più.

Immensa Presenza

Tu che sei la Stella

Tu che sei nel Blu

Tu che percepisci

IL Moto e dietro il Moto,

Ancor di più.

Tu che fai girare i Pianeti

Che sei la Forza Immacolata.

Ridi sempre con Gioia

E fai parte di Ogni Cosa.

Tu sei l'immensa Presenza
Di cui siamo fatti.
Facci scorgere il tuo
Bagliore e ne saremo
Sempre Attratti.

Scintille Primordiali

Sei nel timido Fiore,
Sei nel Boschetto Profumato,
Sei parte del Glicine Incantato.
Nel tuo sollevar le ciglia,
Riscopro qualcosa di me.
Qualcosa di Ancestrale
Che non sai nemmeno te.
E tu ti riscopri nella mia presenza.
Come se ti conoscessi, se fossi,
La mia più intima essenza.
Come se in un tempo incantato.
In una favola ancestrale,
In un tempo, fuori dal tempo
Ultradimensionale.

Ci fossimo percepiti,

Sulle note musicali.

Della più Bella Essenza,

Delle Scintille Primordiali.

Onde

Guizzano e Spumano

Le onde del Mare

In un gioco di

Scintille si fanno

Trasportare.

Trasformano il Paesaggio

In un'infinita creazione

Si aprono e Riecheggiano

Nuova Emozione.

Per te

Di là da Ogni Cielo,

Di là da Ogni Mare,

Oltre le Sovrastrutture Che

attraversano il tuo Cuore

C’è un puntino Pieno D'Amore.

La Piuma

La piuma

dei tuoi occhi

Si posa sul mio cuore

E ci regaliamo insieme

Un intenso Sogno D'Amore.

Ultima Danza

Un’ unghia Rossa

Un Pezzetto

Un Frammento D' Amore.

Un Fiore Rosso posato sul letto

Un Germoglio che Pulsa

Per una Dolce Danza.

La Danza del tuo Cuore

In cui ho Riposto il Mio Amore.

L' Amore giace sul letto

Un sentimento nudo inespresso.

Non so se l'hai capito,

Se l'hai veramente compreso

Ne hai sfumate tante

di belle occasioni.

Quelle che tu hai,

sono solo Impressioni

Non sono là per danzare,

la danza che ti piace

Non sono uno strumento,

né un movimento

E Voilà!

Un giorno ci sei,

un Giorno sei via da qua.

Io son la concretezza, quella che a te manca

Ma danzerò per te, solo quest'ultima danza.

Poi ti lascerò,

libero di andare

dove il tuo Cuore vorrà navigare.

Oltre il confine del tempo

Ovunque tu voglia sbocciare.

Kitesurf

L' Universo è Energia

Che si esprime in onde, in fantasia.

Ogni nostro palpito, ogni nuova brezza,

Ci fa percepire l'onda nella sua estrema Bellezza.

Ogni nuova esperienza

Riempie il mio Cuore

Di piccole Gocce di Pura Essenza.

Mentre il sapore salmastro

Si Imprime nel mio Cuore, rendendolo

imperturbabile al puro Amore.

Io mi affido alle Onde

All'energia Effervescente.

Che mi riempie il Cuore

E pacifica la mente.

E io mi sento così: Pura Essenza!

Aria pura, Aria Aperta.

Mi sento in te, come una nuova scoperta

una Nuova Concezione

della mia Esistenza.

Il sentirmi Libero nella mia più pura Essenza.

Ho bisogno di questo oltre ogni Misura.

Perché' fuori contesto

"IO NON HO PAURA"

Sensazioni nella Natura

Dal Verde delle Acque

Al Blu Cobalto del Cielo

Si estende un silenzioso

Motivo passeggero.

Passeggiando nel sottobosco che si protende verso il Lago.

Si acquisisce, la quintessenza della pace in primo piano.

Si è avvolti dal proiettarsi della natura, nella sua dimensione, in una nuova fioritura.

Se percepisci il movimento, se entri a contatto con la sua dimensione

non puoi che rimanere abbagliato da questa nuova percezione.

Che ti fa volare a tre metri sopra al cielo,

Come fossi puro Amore

Come un sentimento Leggero.

LE STELLE DEL CUORE

Nota dell'autrice

Ho voluto scrivere questa raccolta per infondere una brezza di magia e di serenità nelle persone che la leggeranno, aiutandole a sintonizzarsi su una nuova frequenza e irradiare intorno a loro poesia e bellezza.

La silloge è dedicata a tutte le nuove amiche e amici che ho incontrato in questi anni, che mi hanno incoraggiato a trasmettere attraverso la scrittura tutto ciò che ho da esprimere.

Visione

Le rose si ridestano

Del loro manto

Tu ti risvegli

Da un' incanto.

Miriadi di lucciole

Volano attorno a te

Per compiere il miracolo.

Il viaggio

É appena iniziato

Respira, respira,

Concentrati.

Tutto apparirà

Si estenderà

Come Magia

Un tappeto

Volante

Ti porterà Via.

In riva al cuore

I fiori

I cieli

Gli Arcobaleni

Le stelle

Gli universi

Gli extraterrestri

Gli Elohim.

Espandono Amore

Come piccole

Gocce di luce

In riva al cuore.

Il mondo fuori

Tutto ti attrae mostrandoti

Il suo lato migliore

Isole, cocktail e sangria

Non sono che

Effimere sensazioni.

Quando rivolgi

Lo sguardo

Al tuo interno

Parla con le tue cellule

Come fossero tue sorelle

Comunica sensazioni

Di serena felicità

Tutto il tuo mondo

Si trasformerà.

Soffia

Accogli il giorno

Accogli la primavera

Ogni cinguettio

Ti porta atmosfera.

Quella sublime

Narrata dal vento

Porta conoscenze

Per un cambiamento.

Lo si percepisce

Guardando all' insù

Dove il velo oltrepassa il blu

Dove la comprensione

Avvia una mutazione.

Oltre le nuvole

Il pensiero rinasce

Accogli in te

Gemme d' estate.

Oltre le nuvole

Una Nuvola

Può creare tempesta

Può essere amore

Se la osservi

Con gli occhi del cuore.

Ti può far riflettere

Su mille concezioni
Come la vita
Si riflette
In tante espressioni.
Ti collega a un filo
Che fino a lì, non vedevi
Perché eri immerso
In pensieri lievi.
Adesso ti accorgi
Che potresti
Andare oltre
Dove le nuvole
Non sono la fine
E l'orizzonte si estende.
Dove una luce sublime
Ti abbraccia col suo calore
Per illuminare l'anima
D' immenso splendore.

Glicine

Si estendono all' ombra
Si estendono al sole
Mille petali di glicine

Stanno intorno al sole.

Sono luci nascenti

Sono nuova emozione

L' apoteosi della vita

Nella sua Emanazione.

Amica

Un' enfasi di luce

Si proietta oltre

La tua sfera

Irradia il dolce tremito

Di primavera

Estendi il tuo zaffiro

Nelle notti di luna piena

Espanditi tra i mondi

Nella dolce atmosfera.

Il futuro

Se la matrice

Non avrà fine

Se saremo oltre il confine

In un mare in tempesta

Sull' onda maestra.

Osserviamo il Gabbiano
Proiettiamoci lontano
Siamo lati
Siamo esperienze
Abbiamo limiti
Osserviamo le altrui personalità
Non ci identifichiamo
Cerchiamo dentro di noi
Il sentiero per intraprendere
La vita vera.
La via conosciuta
Repressa al nostro interno
Un giorno cammineremo
Da soli per realizzare
I nostri sogni
Siamo coscienze
In divenire
Rendiamoci partecipi
All' altrui sentire.

Donna

Si ridestano gli occhi
Sono stelle nel sole

Come il cuore
Di una donna
Sa donarsi all' amore
Per le creature
Che ha intorno
A cui lei si dedica
Con passione
Per far tracimare
Il puro amore
Può essere
Una pianta
Che germoglia in fiore
Può essere il figlio
Del puro amore
Essere in sé
Lei stessa
La donna si estroflette
Con foglie sempre nuove
Le innumerevoli vite
Che vive in una vita
La fan mutar sempre
Per render la favola
Infinita.
La donna è un Germoglio

Non appassisce mai
Rimane per sempre
Dentro gli occhi tuoi.

Il sentire

Irradia l'aurora
Nel mare blu
Fremiti inattesi
Si sentono da lassù
È un'apoteosi
Di ebrezza e simpatia
Ondine, silfidi e sirene
Ti riempiono di armonia
Le Niadi velate,
Dal cielo turchese,
Si sentono le voci
Come meteore accese
Nell' approssimarsi
Alla nuova visione
Le stelle ci comunicano
La loro emozione.

Profondità dentro sé

Dal verde delle acque al blu Cobalto del cielo
Ogni giorno ti avvolge nel suo Mistero
Tu cerchi,
Di capirne l'ordine infinito
Tutto si sconnette e rende il Cammino complicato
Non sai se riuscirai, nell' Intento promesso
Quello dell'anima nel suo Cammino,
Nel suo progresso.
Cerchi di adempiere, pian piano,
Al grande intento
Muri e muri ti si frappongono in un sol momento
Allora vorresti andartene lassù.
Nei Grandi Cieli dipinti di blu
Un giorno scorgesti il sole Rimirasti il Suo Bagliore.
La realtà ti chiama e ti fa Scender giù
Nessuno nel tuo mondo, Capisce la tua gioventù
Quella che hai nel cuore, che Vorresti diffondere
attorno a te
Vorresti che tuo figlio Apprendesse anche da te
lo vedi andar via, pensare solo Ad altro,
Rendersi distante e non cercarti Tanto

Non sai, se è la tecnologia o il Tuo ex marito che lo attirano a Sé come miele all' infinito.

Tu in quel contesto non ci sei Più

Il fiore vorrebbe aprirsi, ma sta Perdendo una parte di sé

Il suo piccolo bocciolo guarderà Il Sole

O si aprirà alla Luna?

Tutto è un mescolarsi d' Impercettibili strutture

Il fiore non riconosce le altrui paure.

Guarda oltre la visione

Colline si stagliano

Sulle pendici

Non sono montagne

Sono matrici

Di mille colori

Silenzi e sfumature

Ci accostiamo ai colori

Di queste belle alture.

Nell' immedesimarci

In una nuova percezione

Creiamo atmosfere di viola e Arancione.

Siamo sempre noi, non ci Perdiamo di vista

riusciamo a Scorgere in questi luoghi,

L’ essenza vera

Ci fa volare, oltre l'atmosfera

Per percepire oggi come allora,

le particelle interne quelle dell’Effluvio

Come se fossimo parte

Di due mondi accomunati da un’Unica energia

Che si riflette in noi

Come uno specchio pieno di Magia.

Neve

Candida è la neve

Scende piano piano

Si accosta ad ogni cosa

Come fosse un melograno

Disperde all' infinito i suoi

Chicchi di sapienza

Per cogliere in un attimo

La pura essenza

La scorgi tra i monti

Ti ci imbatti in un sol momento

Lei luccica di vita

È un bagliore e si riveste

Il firmamento.

A volte è firmamento
A volte non lo sai
Ti brilla sugli occhi
E tu ti accecherai.

Roma

Arrivi la sera
Per osservare
Roma in primavera.
Coi fiori,
Coi frutti,
Col dolce oltrepassare
La frontiera vivente
Che si osserva
Poco più in là del mare
La città non si scuote
S' inebria dentro
Perché percepisce il fato
In un sol momento.
La fiaccola è accesa
Non si perde la speranza
Appena avvisti Roma
È tutta un'altra danza.

Guardi oltre l'infinito

Guardi oltre l'infinito
Vorresti percepire il Mondo Oltre il percepito
Ti addentri nei viaggi per Conoscere te stesso
Vorresti essere parte di un Mondo
Ma non di questo
La tua mente va veloce
Osservi sempre la brezza del Sole
Per capire se l'essenza sta oltre Le parole.

Fantasia d'Irlanda

Scintille di luce riecheggiano nei Cieli
Sono presagi, non sono emisferi
La natura immane, nella sua Forza maestosa,
Fa rinascere una fata nella Tundra strepitosa
Gli scorci d' Irlanda son qui tra Noi
Per trasfigurare messaggi
Dai miei occhi agli occhi tuoi.

Perdersi nel bosco

Sono gli gnomi del sottobosco
Che si fan strada in modo Scomposto

A volte sono sassi altri

Alberi a latifoglie

Nessuno li vede, si

Percepiscono a onde.

A volte ti affacci al lago

E affidi un messaggio a Un'ondina

Lei ti fa cenno e appare una Fatina

Altre volte è la magia dell'Acqua nelle sue mutevoli vesti,

Ti senti impresso in paesaggi Agresti.

Ti sollevano con un incanto,

Sono moti ancestrali,

Ti senti leggiadro come un Centauro senza ali.

La foresta è immane e tu sei lì Con lei,

Ad assaporarne ogni momento.

Scandito dai tuoi occhi alle Lande sconfinate

Di galassie e mille mondi dalle Curve increspate.

Mentre osservi in silenzio la Volta celeste

In quelle notti di splendenti soli

Ti senti nell' animo in connubio Con essi

Un ponte magico tra due mondi Riflessi.

Bianco è il colore del cielo

Bianco come il cielo

Anche se per te,

Esso non è un mistero

Guardi oltre l’orizzonte

Perché sai percepire l’altrui Dímensione

Oltre l'apparire

L' azzurro ti dà pace e mentre lo Osservi

nelle sue innumerevoli Sfumature,

Vorresti tuffartici in mezzo

Perché azzurro è una Dimensione atemporale

Potrebbe dar serenità come il Turchese del mare,

Potrebbe essere trasparente ed Emozionare

In eterno la gente

Potrebbe essere un luogo Magico

In cui approdare in un momento Di confusione

In cui non sai dove stare

Azzurro è la dimensione degli Esseri del cielo

quelli che si Fanno

Trasportare da un vento leggero

IL rosso è la ciliegina

Che tieni come sorpresa

Quando la persona ti conosce Veramente e riscopre in te,

Un' animo giovanile e Coinvolgente.

Un' animo che vorrebbe dar di Più all' altrui persona,

anche se Al primo impatto

È più facile, nascondersi dentro Una maschera

A volte sincera altre volte non So.

Il rosso del tramonto lo

Distinguerà oppure no?

Magia della natura

Nel contesto scintillante

Di un Mondo che non c'è

Assaporiamo i colori del Re

La natura ci accoglie,

Oltre la percezione umana

Fa intravedere la sua essenza

Come fosse fata Morgana.

Sogno tra le fate

Timidi folletti

Libellule all' acqua di rose

Si rigenerano nei fiumi

Saltano qua e là

Tra una rosa e un lillà

Si fan trasportar dall' ebrezza

Di questa dolce carezza

Delle sfumature del cielo
Limpido e sereno
Della brezza di primavera
Cromie rose e turchino.
Ogni giorno rinasce il Sentimento
Di un bambino

E noi come cromie pastello
Che attraversano i cieli
Tingiamoci di colori
Come menestrelli passeggeri

Marea

Ogni oceano
Ogni marea
Ogni notte
Una splendida idea.
Oltrepassare la barriera
Ci dà enfasi di primavera
Vedo il risveglio
Di una luce nuova

Nei tuoi occhi

É apparsa l’aurora.

INDICE

Ringrazio la *manoscrittiebook* per il sostegno e i preziosi consigli

www.ingramcontent.com/pod-product-compliance
Lightning Source LLC
LaVergne TN
LVHW010559160826
845677LV00013B/3189

* 9 7 9 8 3 7 0 9 7 4 2 7 4 *